人生小語

獻給母親

——人生愛心的典範

在人生的路上
——代序

在人生的路上，有甜美的時光，也有凄苦的片段；
在人生的路上，有稱心的歡樂，也有落淚的感傷。
你和我，只要切實記取：不要將原來可以成為美好的，轉而化作醜惡；
你和我，只要互相勉勵：努力將被人化為醜惡的，恢復原來美好的原樣。

在人生的路上，你和我，本來就不是上帝，不能保證這個世界只有甜美的時光而沒有淒苦的片段；在人生的路上，你和我，就是再堅強，也無法令自己完全只有稱心的歡樂而沒有落淚的感傷。

我們只要切實記取，我們只要互相勉勵——

在人生的路上……。

一

男子是矛，女子是盾。
男女一起是矛和盾。

二

有的矛太過尖利，容易刺傷。
有的盾過份強韌，不留餘地。

三

相愛是，他的矛不是用來侵犯她的盾。

四

相愛是，她的盾不是用來抵擋他的矛。

五

男人善於多情。
女子工於深情。

六

男人常常絶情。
女子往往温情。

七

男人喜愛排斥。
女子傾向包容。

八

男人善於懷恨。
女子多知體諒。

九

男人相愛還相克。
女子有情無怨尤。

一〇

男人力求一貫。

男子是矛，
女子是盾。
男女一起是
矛和
盾。

女子隱忍矛盾。

一一

男人傾向誇大炫耀。
女子善於保守珍藏。

一二

女子保守自己的秘密，但不保守別人的秘密。
男子正好相反。

一三

男人把愛表諸顏色。
女子將情收藏內心。

一四

男子的愛常常表現一份風流瀟灑。
女子的情却往往隱藏一種幽怨難當。

一五

男人的愛往往灑在心田。
女子的愛常常深植子宮。

一六

男人的謊言像是過份充滿的氣球，一戳卽破。
女子所要隱瞞的過去，像是千層皮的果，一層剝開還有一層。

一七

女子好像大地一樣，容納着多樣的矛盾。

一八

女子那大地樣的包容，起於豐富的溺情，不是來自理智的欠缺。

一九

女子的矛盾不是因爲她所愛的太多，而是她所不忍心的太多。

二〇

女子的矛盾不是因爲她不尊重原則，而是她捨不得放棄個例。

二一

女性最大的特點是，男子無法寬容包涵的，她加以寬容包涵。

二二

從男的觀點看，女子欠缺果斷。
從女的角度看，男子太過絕情。

二三

男人在頭腦上寬容，而在肚子裏排斥。
女子在頭腦上排斥，卻在肚子裏寬容。

二四

你以爲男子寬容，那麼你未見過他小氣的時候。
你以爲女人小氣，那麼你未見過她寬容的地方。

二五

女人比較懂得感情，但却常常困於感情；最後可能犧牲感情。

二六

男人是，你告訴他你跟別人在一起會快樂。他不承認也不放過。
女人是，你告訴她和你在一起沒有幸福。她却依然置之不理。

二七

男人以爲他們很懂得女人。
事實上，女人才眞正懂得男人。

二八

豐富的溺情常常引致無法解消的痛苦。
女子是經常經驗情的痛苦的人。

二九

愛是男人的口號，它却是女子的內涵。

三〇

情是男人的號角。
它是女子的心聲。

三一

愛具有男人的氣慨，但却含着女子的性格。

三二

愛具有男人的外表，但却含有女性的品質。

三三

愛不是女性的專利，但卻是女人的特長。

三四

愛如果有性別，它是女性。

三五

男人也許是全屋的主宰。
女子才是家中的靈魂。

三六

頭腦是人體的主宰。
心靈才是它的靈魂。

三七

男人是家中的頭腦。
女子才是它的心靈。

三八

美麗的女人給你一個軀體。
善良的女子給你一種人生。

三九

嫁了人的女子常常像是摘下的花朵似的，比較溫暖，比較寫意；也比較孤單，比較容易凋謝。

四〇

愛是力量。
愛是依順的力量。
愛是追求的力量。
愛是反抗的力量。

四一

愛沒有阻擋的力量。

四二

愛看不見障礙，它只一心追求成功。

四三

古來偉大的愛情，都是在看似不可能的情境下成全的。

四四

愛心沒有敵人。

（有情敵，沒有愛敵。）

四五

愛是人性。

反對愛的反對人性。

四六

愛雖然並非接受一切，但它卻包容萬有。

四七

愛在親蜜的時刻是一種躍動。

它在平凡的日子裏是一份親情。

四八
含有親情的愛最能永遠長青。

四九
愛是親吻之外的蜜意。
愛是性事過後的甜美。

五〇
愛存在於有話的時刻。
愛存在於無言的當兒。

五一
愛存在於微不足道的言行之間。

五二
愛的意義不分所爲何事。

五三

愛存在於相守時的依戀。
愛存在於離別間的思情。

五四

愛往往起於人性美好的追求，但却常常止於人生缺陷的容忍。

五五

積極的愛追求完美。
消極的愛容忍殘缺。

五六

愛常常由積極轉入消極。
情却往往相反。

五七

愛在積極的時候顯現個性與品德。
它在消極的時候遺忘了倔強的自我。

愛往往起於
人性美的
追求，但卻
常常止於
人生缺陷的
容忍。

五八

遺忘了自我的愛往往容易淪爲溺情。

五九

溺情不是愛。

溺情是一味的沉迷。

六〇

沉迷有時富於美感，但它却盲目無知。

六一

無知盲目不是愛。

六二

一味的沉迷不是愛。

一味的容忍也不是愛。

六三

沉迷常常隨伴着容忍。

六四

愛是無限的輕柔，同時也是無比的堅強。

六五

愛是永遠希望爲對方奉獻得更多。

六六

愛是不論自己已經多麼甜情蜜意，內心仍然感覺不足。

六七

愛是全身全心的情願，沒有一絲一毫的保留。

六八

愛是給對方無盡的甜蜜，不理會自己所受的萬般痛楚。

六九

愛是給對方無限的好，不對他有一點點的壞。

七〇

愛是寧願成爲衆矢之的，一心一意保護對方。

七一

爲愛挨餓不算挨餓。
爲愛受苦不覺受苦。

七二

平靜之時，愛令每天的日子更加美滿。
苦難之際，每日的深情令愛更加深刻。

七三

愛情深濃，令人祈求永生永世相伴相依。

七四

愛情深濃，願來生彌補今世的過錯，求下輩子繼續此生的甜美。

七五

性也許完成了一時的快樂。
愛常常成就了千古的美滿。

七六

性有時是情的顏色。
但是愛才是情的彩筆。

七七

情是愛的畫紙。
愛把情創造出一幅藝術。

七八

愛是世上每一個人都能親手參加創作的精神藝術。

七九

情是性的內涵。
性只是情的吐露。

八〇
情需要成長，正像性事需要豐富它的內容。

八一
性事講究創造，不可流於習慣。

八二
性事表現一個人的關懷，也表現他自私的程度。

八三
性有可能令人暫時迷醉，但卻無法永遠獨立自圓。

八四
性的感覺永遠塡補不了情的苦悶。

八五

只有兩心相契，性才能和諧快樂。

八六

性雖然講究技巧，但令性成功的却是一片深情與愛心。

八七

性所表現的是動作，但它所傳遞的却是情懷。

八八

性表面上好似以器官進行，但實際上却用感情從事。

八九

性是愛的延長。
它不是情的替代。

九〇

愛的精義在於愛人，不在於被愛。

九一

愛並不涵蘊被愛。

九二

愛是一種快樂。
被愛是一種幸福。

九三

時時記得去愛而忘了是否被愛，他的快樂就是他的幸福。

九四

由愛而渴望被愛，有快樂而追求幸福。

九五

因被愛而不再去愛，享受了幸福，失去了快樂。

九六

由被愛而去愛，用幸福取代快樂。

九七

由愛而被愛，從快樂走向幸福。

九八

被愛但無法去愛，自願放棄幸福。

九九

在愛與被愛之間，只知強調後者，那是一種庸俗的自私。

一〇〇

在愛與被愛之間，寧願選取前者，那是一種高貴的奉獻。

一〇一

愛人而又被愛，快樂加上幸福。

一〇二
愛人而又被愛，那是雙重的快樂，也是雙重的幸福。

一〇三
愛的理想是雙重的快樂，也是雙重的幸福。

一〇四
幸福是永遠不必追問。

一〇五
幸福是永遠不必解釋。

一〇六
幸福是永遠沒有爭執。

一〇七
幸福是你不必要求，你愛的人已經全心全意滿足你。

一〇八

幸福是你不必開口，你愛的人已經懂得你。

一〇九

幸福是你愛的人永遠張懷撫慰你。

一一〇

幸福是你愛的人不顧一切成全你。

一一一

幸福是你愛的人永遠包容你。

一一二

幸福是你愛的人永遠信任你。

一一三

幸福是你愛的人永遠瞭解你。

一一四

幸福是你愛的人永遠對你深情含笑。

一一五

幸福是你愛的人永遠不會背棄你。

一一六

幸福是你愛的人永遠愛你。

一一七

愛往往是可以逆轉的決定。
情常常不是能夠回頭的心懷。

一一八

愛是一片意志。
情是一份心懷。

一一九

愛是一種決定。
情是一份投入。

一二〇

愛可以矜持。
情不能矯縱。

一二一

愛要熱烈。
情需克制。

一二二

愛要坦白才能持久。
情得自省方能長遠。

一二三

愛只需純真坦白。
情卻講究端莊不謬。

愛往往是可以逆轉的決定。

情常常不是能夠回頭的心懷。

一二四

沉溺於傷感之中，那是情的投入。
抽離於悲懷之外，那是愛的提升。

一二五

對愛眞實，往往沉緬自己的心情。
解決情苦，必須提升自己的胸襟。

一二六

愛常常迷醉在温馨的情的氣氛裏。

一二七

情深，而不沉溺於悲愴的愁緒。
愛濃，但要跳出傷感的情懷。

一二八

愛要眞實。
愛要深刻。

愛要有情。

一二九

有的人要對方充當愛的奴隸，但卻不願施與情的照顧。

一三〇

愛而無情是自私自利的愛。

一三一

自私自利的愛不是愛。

一三二

愛面對完美，
愛指望至善。

一三三

愛傾心無限，
愛遙向永恒。

一三四

愛令人崇高，
愛使人深刻。
（我們在愛人的時候提升自己。）

一三五

優美的男人的情懷中，有女子的影子。
眞實的女子的品德裏，有男人的志節。

一三六

男人的善良中有女子的溫情。
女人的醜惡中有男子的粗暴。

一三七

在愛情之中注加美感，愛變得更爲晶瑩。
在愛情之間輸入俗念，愛顯得愈來愈走樣。

一三八

愛情直通人性深處。

一三九

對愛情悲觀，起於對人性悲觀。

一四〇

悲觀的人往往活得很辛苦——尤其在含辛茹苦的用情之上。

一四一

悲觀的人往往是比較嚴肅的人——對生命和對愛情都是如此。

一四二

（愛是天上的品質。）

愛那天上的品質往往不經心地在塵世裏沉落。

一四三

愛是
天上的
品質。
愛那天上的品質
往往不經心地在
塵世裏
沉落。

精神主義者在這個世界上往往是個悲觀的人。

一四四

愛得純眞的人是個精神主義者。

一四五

深情是問天問地，想知道自己愛得夠不夠深刻。

一四六

深情是對天對地，立志要愛得絕對純眞。

一四七

愛是問天問地，可曾有人如此深情過？

一四八

愛是問天問地，可曾有人如此善待對方的生命？

一四九

愛是問天問地，可曾有人如此純眞無染？

一五〇

愛是問天問地，可曾有人如此不計一切？

一五一

愛是對得起天地，不只對得起自己所愛的人。

一五二

愛是對得起眞情，不只對得起心上的對象。

一五三

世上也許沒有我們心目中的純情，但是有情的人卻要努力創造它。

（我們活得出來的，就是人性的可能的明證。）

一五四

小時候一心編織天上的夢想，爲什麽長大了反而執迷塵世的現象？

一五五

在概念的世界中存在着必然的演繹。
可是在人間的滄桑裏却充滿了歷史的偶然。

一五六

必然的演繹一心貫徹。
歷史的偶然變幻無常。

一五七

愛情可能起於歷史的偶然。
我們存心將它變成必然的演繹。

一五八

在歷史的偶然裏充滿了精神起落的苦悶。
可是在必然的演繹中出現一片內心開朗的自由。

一五九
愛情的必然演繹造就了愛的精神主義者。

一六〇
愛的精神主義者享受一片內心開朗的自由。

一六一
情的「物質主義」走向歷史的偶然。
愛的精神主義提升爲必然的演繹。

一六二
情的對象的變化是一件歷史的偶然。
愛的專心尋求是一種必然的演繹。

一六三
情變也許是歷史的偶然所促成。
眞愛卻靠必然的演繹來維護。

一六四

醉心天上的品質令愛深刻高遠。沉迷對象的滄桑使情累贅難堪。

一六五

精進自己內在的品質，令對方戀愛那品質，愛情才能持久而不墮落。

一六六

愛情的深度取決於我們所戀愛的品質，不是決定於我們所傾心的對象。

一六七

如果你所戀愛的品質已經在對方消失，而你依舊執迷所戀的對象，終久令自己陷落在苦惱的絕境裏。

一六八

要令愛情持久，我們應該戀愛對方具有的天上的品質，而不沉迷於他所表現的塵世的條件。

一六九
愛屬於天上的情。

一七〇
純潔是天上的品質。
美貌是塵世的條件。

一七一
眞實是天上的品質。
財富是塵世的條件。

一七二
天上品質的開發可以是必然的演繹。
塵世條件的經營往往只是歷史的偶然。

一七三

美滿的愛情存在於彼此互相激發對方生命中所含藏的天上的品質。

一七四

愛情的墮落往往起於開始互相計較對方塵世的條件。

一七五

愛情的成功有賴我們從凡俗的生命中，提煉出令對方欣賞的天上的品質。

一七六

有時我們的戀愛「成功」，但卻愛情失敗。

一七七

有時我們的戀愛「失敗」，但愛情卻光潔無損。

一七八

愛情的深刻存在於我們所計較的品質，不在於我們表現得多麼瘋狂。

一七九

雖然有時愛情的深刻令人瘋狂。
可是瘋狂本身並不自動帶有高超的品質。

一八〇

愛情的高超的品質起於優雅脫俗的情懷內涵。

一八一

有時愛情容許放縱。
有時愛情需要堅忍。

一八二

痴戀時世上沒有其他的對象。
可是在愛裏有時他人一起前來分享。
（在親情之愛裏，含有種種明顯的例子。）

一八三

戀愛時令人自信地對天豪語：此情好纏綿，此情好深切；此情當不變，此情必永遠。

一八四

纏綿的情需要純潔的心懷去維護，深切的情依賴眞實的心願去支持。於是可以恒久不變，於是可以趨向永遠。

一八五

愛的奉獻是對方的幸福就是自己的幸福。

一八六

愛的犧牲是對方的幸福才是自己的幸福。

一八七

愛的奉獻是全心追求對方的幸福。

一八八

愛的犧牲是只求對方的幸福，不求另外的幸福。

一八九

眞正的愛充滿着奉獻和犧牲。

一九〇

當你不情願奉獻的時候，愛沒有成長的餘地。

（愛是奉獻。）

一九一

當你不樂意爲對方犧牲時，愛已在無形之中飄遠迷失。

（愛是犧牲。）

一九二

人生的成功往往起於堅決的立志。

可是成功的人生却常常令人遺忘了前先的志節。

一九三

成功的愛情往往起於無私的奉獻。可是愛情的成功卻常常令人遺忘了當初的存心。

一九四

當我們開始感覺到生活的舒適時，應該特別小心提防精神的墮落。

一九五

當我們開始意識到愛情的幸福時，應該特別留意避免深情的喪失。

一九六

沒有見證過苦難的世代，很難孕育出頂天立地的英雄豪傑。

一九七

沒有經歷過情苦的考驗，不容易洗鍊出純眞絕美的愛情。

一九八

沉溺於享樂的時代，只造就短視自私的群衆。

一九九

沉溺於快樂的心緒，容易成就淺浮輕薄的愛情。

二〇〇

昇平中的歡樂消磨了生命中的銳氣。

苦難裏的困情砥礪出人生的志節。

二〇一

豐盛引發享樂意識。

窮困激勵敬業精神。

二〇二

平凡的眼光捕捉快樂的意念。

超俗的心靈尋覓幽遠的情思。

二〇三

幽遠的情懷在苦難中凝聚加強，却在安樂裏消溶散落。

（這表現了情的嚴肅性和積極性。）

二〇四

人在物質的享受中消蝕，却在精神的掙扎裏再生。

（情和慾也是這樣的對比。）

二〇五

人生的物質情況和心靈狀態常常呈現微妙的對比：物質的豐盛導致精神的低落，物質的窮困却促成精神的發揚。

（生活的舒適常常和心靈的深度成反比。）

二〇六

摒棄現實的物質世界，成就了理想的心靈世界。

眷戀優厚的物質生活，阻礙豐盛的精神發展。

二〇七

假如我可以主宰命運，我希望善良與長壽合一；但不一定要求善良與財富一致——除非我也能夠保證人不在富有之中墮落。

二〇八

有時整個時代好似昏暗，整個世紀好似沉淪；缺少一種鮮明的人生榜樣和道德的價值理想。

（眞正感人的不是深奧的理論，而是鮮明的榜樣。）

二〇九

情在尋求幸福快樂。

愛只注目無愧無憾。

二一〇

愛不能生而快樂，也應死而無愧。

人在物質的
享受中
消蝕，卻在
精神的
掙扎裡
再生。
情和慾也是
這樣的對比。

二一一

戀愛之時，切記當初的願望，不要專計眼前的得失。

二一二

戀愛之時，心存對方的幸福，不計自己的痛苦。

二一三

愛不是從對方獲取快樂。
愛是在共同的夢想中得到幸福。

二一四

愛是讓對方進到你的夢想之中，分享你的高貴和美好。

二一五

愛不是進到對方的生命裏，吸取他的優美與精華。

二一六

戀愛時我們不只在追求完美，我們也存心創造完美。

二一七

戀愛時我們存心創造一個完美的自我。

二一八

戀愛時我們存心創造一個完美的對方。

二一九

我們奉獻愛情，存心創造完美的人生。

二二〇

用我們的高貴理想去培養愛的花苗。
不要用自己的低俗慾望窒息愛的成長。

二二一

愛是生命當中最令人難以忘懷的至寶。
情是人世之間最令人難以消受的心懷。

二二二

愛的目的不在於存留溫暖的回憶。
它的意義在於創造美好的將來。

二二三

多情只留存段段感傷的追憶。
深愛卻不停地開創光明的人生。

二二四

只講求關係的不是愛。
不講究感情的也不是愛。

二二五

有人愛而無情。
有人愛而絕情。

二二六

無情不是愛，
絕情也不是愛。

二二七

就情而論，當一個人已在你的心中死去，他在外界的存在又有何干？

二二八

失戀的人是別人心上的死囚。

二二九

有時死囚有罪，有時他卻無辜。

二三〇

有時心中殺人起於無奈，有時卻出於殘暴。

二三一

感情的殘忍是在心中殺人滅跡。

二三二

感情的另一種殘忍是在他人的心中自殺。

二三三

自殺的人有時起於善心，不是因爲羞愧。

二三四

自殺的人有時懷着深切的愛心，不是由於不可救藥的厭世。

二三五

狠心的人常常在心中殺人。
善良的人不忍別人在自己的心中自殺。

二三六

愼於動情，不忍在心中殺人。

二三七

愼於動情，免在他人心中自我毀滅。

二三八

有情是，自己無緣享有的幸福，願見在他人身上展現。

二三九

有情是，自己所不相信的美好，仍然時時虛心寄望，願其成眞。

二四〇

有情是，不因自己在婚姻裏的痛苦，懷疑他人幸福的可能。

二四一

感情不是一條死板的路，婚姻也不是一條死板的路。

二四二

不是一條死板的路並不一定不是一條死路。

二四三

路讓人順着走下去。
路也是由人所走出來的。

二四四

我們可以從感情的死巷，走出一條愛的活路。

二四五

在愛情當中，我們要以自信心代替安全感。

二四六

愛是與對方一起成長。
愛是陪着對方成長。

二四七

愛不是限制對方。
愛是發展對方。

二四八

奉獻愛情就是奉獻生命。
愛情可貴，因爲生命可貴。

二四九
爲愛而生，生而有幸。
爲愛而死，死而無憾。

二五〇
情會蝕至骨髓，傷及肺腑，痛到心中——切記不可輕易爲之。

二五一
愛濃沒悲苦。
情深不知怨。

二五二
愛至深濃，一切幽怨全都化做輕聲的嘆息。

二五三

身體容易溫飽。
心靈靠什麼滋養？

二五四

受創的心，正好像受傷的軀體一樣，需要一段時間的療養——不要急於重新使用它。

二五五

愛的期望是一份幸福。
愛的選擇可能却是一片痛苦。

二五六

痛苦何妨，只要是眞情！
快樂何益，如果沒有眞愛？

二五七

趨樂避苦的情不是眞正的情。

二五八

痛苦也勇往直前的愛是眞正的愛。

二五九

當一個人受了愛情的創傷時，他也許失去了幸福的能力；但是他却依然可以因帶給對方幸福而感到心安。

二六〇

恐懼的往往不是個人一時的得失。傷心的總是美麗的夢想的幻滅。

二六一

個人的得失是一時的苦樂。理想的存幻是千古的情懷。

二六二

愛需要勇氣。當你決心去愛的時候，你已將眞心奉獻——它可能受趨樂而避苦的情不是真心的情。

痛苦也勇往直前的愛是真心的愛。

呵護，它可能被割傷。

二六三

有時愛的痛苦只是人間的不幸。
可是有時它卻是宇宙間的欠情。

二六四

人間的不幸容易消解。
宇宙間的欠情難以廻避。

二六五

愛的痛苦倘若不能廻避，何不開懷迎接，默然承受？
（何不輕聲長嘆，含忍苦痛，將它化做淚水，把愛心洗滌得更爲純淨。）

二六六

愛常常必須含忍痛苦。

二六七

如果愛只有快樂，每一個人都是情聖。

二六八

愛有它的通則。
愛也有它的特例。

二六九

平穩的愛根據通則。
非常的愛開創特例。

二七〇

淒苦的愛不是平常的愛，但却經常是萬分晶瑩的情。

二七一

有時你爲了不是自己的情過，償還對方過去的缺失。
愛情也有它莊嚴的十字架。

人的不幸容易消解。

宇宙的欠缺難以迴避。

二七二

愛是彌補對方以往的不幸。

二七三

愛是開創對方幸福的將來。

二七四

不要對一個事例失望，就對一個人失望。

二七五

不要因爲對個人絶望，就對眞情心存幻滅。

二七六

困情的憂鬱是滿湖的深水。
生活上的快慰只是點綴湖心的幾朵清蓮。

二七七

遺忘不只是一種本能。

它也隱藏着我們愛惡的抉擇。

二七八

不論你多麽愛，別人的過去你無法代他遺忘。

二七九

你固然無法代替對方遺忘過去。
但你却可以爲他彌補以往。

二八〇

情的舒暢是生命的舒暢。
情的困擾是生命的困擾。

二八一

情的幸運是人生的幸運。
情的不幸是人生的不幸。

二八二

慾的滿足可以三心兩意。
情的完成必須專心爲之。

二八三

慾可以大方躲避。
情只有細心開解。

二八四

慾的痛苦是肌膚的痛苦。
情的痛苦是生命的痛苦。

二八五

愛像植在子宮裏的幼嬰，需要細心孕育。

二八六

有時愛像初日的太陽，照遍滿地的喜悅與溫暖。
有時它像午夜的月光，靜靜地爲我們洗滌內心的愁苦與煩亂。

更有時候，它像是中天的星星，引發我們生命的沉思與玄想。

二八七

愛是以無限的深情穩步走過每一個光輝和每一個平凡和每一個艱苦的日子。

二八八

愛不只是享受光輝燦爛的日子。

愛是穩步度過平凡和艱苦的歲月的深情。

二八九

愛是把平凡的日子活得甜蜜，將非凡的時刻過得燦爛。

二九〇

愛是將苦難的歲月過得溫暖而多情。

二九一

愛是爲了成就對方，不是爲了成全自己。

二九二
在愛情裡，你不是不想品嘗甜美的滿足。
只是你一心追求讓對方首先滿足。

二九三
爲情而生。
爲情而活。
爲情而死。

二九四
爲愛而生。
爲愛而活。
爲愛而死。

二九五
眞正的愛是把對方當做自己生命的重心。

二九六

愛是忍耐自己的慾望，成全對方的快樂。

二九七

愛是耐心等待。
愛是深情盼望。

二九八

愛是強忍自己的傷，保護對方，免他受創。

二九九

愛是將生命的纖細奉獻對方。
愛是把意志磨鍊得更堅強，爲了更加纖細的奉獻。

三〇〇

愛的纖細沒有止境。
愛的溫柔沒有止境。

三〇一

愛是心細的體貼。
愛是無盡的呵護。

三〇二

愛是一份心疼。
愛是一片不忍。

三〇三

愛是把自己的一切奉獻對方。
情是將自己的一切交託對方。

三〇四

愛是把自己的生命投入對方的生命裏。

三〇五

愛是在對方的生命裏發現自己人生的意義。

三〇六

愛是與對方同心。

三〇七

愛而不同心，那不是眞愛。
那只是一份多餘的情。

三〇八

多情常常只不過是一份多餘的情。

三〇九

多餘的情往往只是一份薄情。

三一〇

薄情不是愛。

三一一

愛是責任。

愛是
與
對方
同心。

三一二

愛是對所愛的人的責任。
愛是對情有所交代的責任。

三一三

愛是多了一份牽掛。
它也常常容易增多一份欠情。

三一四

多一個情的對象，多了一份情牽。
多了一份情牽，增加了一層肩負——有時也多了一番可能的欠情。

三一五

有的人的情只重向他人交代。
有的人的愛却要向良心交代。
另外有的人用情而無所交代。

三一六

薄情的人無所交代。

三一七

有的人的情專爲了滿足自己。
有的人的情特別爲了照顧對方。

三一八

愛情的純潔依靠一片心意的誠眞。
可是愛情的圓滿却有待一番辛苦的努力。

三一九

有時我們不是缺乏誠心，而是無能爲力。

三二〇

熱情雖然是人生的正面價值，但它不一定導致善良美好的結果。

三二一

熱情的人常常多情，可是却不一定純情。

三二二

熱情有時薄情，因爲太過多情。

三二三

不相信純情的人只知道求伴、求偶、求歡、求樂——求自我的滿足。

三二四

人生的意義不在於爲自己的生命留下了什麼——它終久消失得無影無踪。生命的可貴在於爲他人的人生留下情和愛的溫暖。

三二五

愛情的意義不在於自己得到什麼，而是爲了他人留下了什麼。

三二六

爲這個世界創造和保留一點美好，這是個人的成就，也是他人的幸福。

三二七

創造世上的美好是生命的積極意義。爲世上的美好保留已有的原樣，那是人生的最低價値界限。

三二八

向人間寄情，有時容易失望。秉持眞理立志，却永遠無比堅強。

三二九

人必須向高遠處寄情，向幽深處託志，他才能頂天立地，他才不致在人間喪失淪落。

三三〇

豐富的情思起於博大的生命內涵。
優美的感情來自高超的精神境界。

三三一

情的高超存於克制。
情的優美起於無私。

三三二

沒有克制的情不是愛情。
不是無私的情不是愛情。

三三三

人與禽獸的最大區別在於人能自我克制，存他而無私。

三三四

強姦是沒有克制和自私的極端表現。
（強姦人家的人把自己淪爲禽獸。）

三三五
天下的處女常常被她們的情侶所強暴。

三三六
在愛之中有時我們遇上情的流氓。

三三七
遇上一個無情的人，令你一時失望。
遇上一個情的流氓，令你終生汚濁難堪。

三三八
流氓不以爲這個社會需要共有的次序。
他總是要完全以自己的方式解決問題。

三三九
在流氓的眼光中，一切的錯都是別人的錯。

三四〇

情的流氓無可救藥。

你若想拯救他，最後只是燒毀了自己，終於對不住自己的深情。

三四一

流氓與愛情互相矛盾。

三四二

流氓不應參與情的事。

三四三

惡毒下流的言語反映了使用者內心的污穢。

三四四

濫用惡毒下流的語言，並沒有降低對方，只是侮辱了自己。

三四五

在愛情之中，最怕的不是對方遺棄你，而是對方沒有尊重你。

三四六

在愛情之中，最怕的不是對方對不起你，而是對方侮辱了你。

三四七

愛情之間需要有一份無比的尊重，甚至需要一片虔誠的敬意。

（無所敬者無所愛。）

三四八

情不怕風雨飄打，却怕被人降格貶低。

三四九

當情的對象自甘墮落，你有什麽辦法去拯救？

當情的對象侮辱了你，你要怎樣安然自處？

這是愛情當中的兩大難題。

三五〇

情不可脫離心的感動，也不可無視愛的理想。

三五一

情不是手段。
不可爲達目的，把情當作權宜之計。

三五二

戀不一定是愛的手段。
可是愛卻應該是戀的目的。

三五三

戀時百般呵護，爲何事後萬事刁難？

三五四

戀時無比溫柔，爲何事後十分粗暴？

三五五

當對方已經無心領受你的情意時，絕對不可將它降格拋送。

（誰接受隨便拋送的情懷？）

三五六

失望是一隻斷了線的風箏，你曾經喜愛的，如今對它已不再懷着多餘的幻想。

三五七

温柔可以生情。

強暴却無法奪志。

三五八

情靠心血灌溉。

不可用本能蹧蹋。

三五九

情靠溫柔的呵護培養孕育，但卻無畏粗暴的打擊與摧殘。

三六〇

眞情長在天上，不計較塵世人間的演繹。

三六一

愛而無情並非眞愛。

情而無愛只是薄情。

三六二

爲情而死是件悲壯之事。

將情殺害則是種殘忍的行爲。

三六三

情是最幼嫩最纖弱的心靈事物，不可粗野強暴待之。

（我們寧可自己受苦受難，含忍維護情那纖弱的原樣。）

三六四

只要一貫深情，即使沒能成功，也爲愛情樹立一個優美的榜樣。

三六五

戀愛當中沉溺於幻想，配上婚後太過重視現實，結果就是常見的悲劇。

三六六

如果在戀愛當中多重視一點事實，又在婚後多沉緬於一點幻想，人生會快樂得多。

三六七

戀愛中的人有時不喜歡面對事實，而樂於陶醉於幻想，甚至甘心沉溺於自欺。

三六八

幻想不一定有害。

真情長生
天上，
不計較
塵世
人間的
憂擾——。

自欺卻必然無益。

三六九

有愛而無情一定不是眞愛。

無愛而有情卻往往是一片痴情。

三七〇

眞愛講究原則。

痴情沉迷對象。

三七一

當自己爲情而如此痛苦，不禁要勸告世人千萬愼於用情。

三七二

戀的失敗的時刻是情的品質的考驗。

三七三

當情深濃，即使獨處也感覺到對方在共享你的生命
——因爲他的心向着你。

三七四

當情消散，你已無法分享對方的生命——他的心已經背你而去。

三七五

眞情無法護衞自己。
加上了防護的情，已經不是眞情。

三七六

眞情沒有護罩，因此它容易受傷。

三七七

不會受傷的情不是眞情。

三七八

曾經在你身邊閃耀過的，你爲什麼不能容忍他沉靜歇息？

三七九

有時不是對方的情意變質，而是他再也無力發光。

三八〇

我們寧可把握原來感人的情懷，淚眼默送已經變幻的對象。

三八一

我們不要因爲執着於把捉變幻的對象，喪失了原有刻骨銘心的情懷。

三八二

對象可能在時光的流轉裏凋零褪色。情懷却永遠在我們的心靈深處激盪飄傳。

三八三

在愛裏我們要珍惜那一片令人難忘的情懷，不要只是執着容易消逝的對象。

三八四

把自己的心靈境界提升得與天同高，那時也就沒有情的困擾和生的幽怨。（雖然這時我們很難找到塵世的對象。）

三八五

清明的情是通往天上的路。迷惑的情是沒有出路可走的網。

三八六

戀愛使人年輕，戀愛也使人年老。戀愛常常是一種歡欣，戀愛也常常是一種痛苦。

三八七

把自己的
心灵境界
提升——得与
天同、
那时也就没有
情的困擾和
生的幽怨。

有人在愛之中昇華，有人在愛之中墮落。
有人在愛之中清醒，有人在愛之中迷失。

三八八

情使人堅強，情使人虛弱。
情令人振奮，情令人懶散。
要看是什麽樣的情，也要看我們如何自處——怎樣將情處理，把它安排，爲它維護。

三八九

一心正視原初高貴的存心和空靈的情意，不要回首消魂的快樂。
於是不會執着變幻的對象，於是可以在情變之中保留愛的面貌。

三九〇

情傷時，回首消魂的快感只令人沉淪悲痛，執着而無以自拔；接着損傷自己原有那高尚的情懷。

三九一

有時愛的挫折遠超情的悲痛。
它變成了生的創傷。

三九二

有時我們只能長嘆生命好苦。

三九三

愛不是爲了享受一時的快樂。
愛在追求長遠的幸福。

三九四

情的喜悅要靠兩人一起締造。
情的痛苦只能一人單獨醫療。

三九五

情的對象是愛的歡樂和幸福的共同創造者，但却不是失戀時的療傷者。

一心之祝原初
寶貴的存心和
空靈的情意，
不安回首清魂的
快樂。
於是不會
執著愛们的对象，
於是又以在情愛之中
保留
愛的面貌。

三九六

愛是現在，也是將來。

三九七

當愛情喪失了將來的展望，過去再怎麼樣的燦爛，也令人覺得黯淡無光。

（雖然每一刻瞬息的眞實都是永恒的，雖然深情終無憾。）

三九八

愛是當情人在痛苦時，你不忍心回憶與他在一起的幸福。

三九九

愛是失戀的痛苦令你不忍再回顧過去的快樂。

四〇〇

深情終無憾——即使對方不值得你去愛，但是你沒有對不起自己的眞心。
（眞情沒有執着的對象。）

四〇一

失戀時你所痛惜的不一定是失去了情的對象，而是對不起自己的眞情。

四〇二

刀傷有簡單的醫療。
情傷沒有普遍可行的藥方。

四〇三

失戀的人才深深體驗到情傷比刀傷痛苦萬倍。

四〇四

失戀的人最知道不可逆轉的變化的意義。

四〇五

失戀的人最明白肉體之外還有心靈存在。

四〇六

失戀的人最清楚心靈的自由別人無法隨意加以拘束。（有時一個人佔有他人的肉體，却失去對方的心靈。）

四〇七

那麼快，情的歡樂的來臨。
那麼快，情的歡樂的消逝！

四〇八

失戀是一早醒來宇宙間充滿着悲懷，不只人生充滿着苦痛而已。

四〇九

失戀之時愛爲情而含淚，情爲愛而哭泣。

四一〇

天下着輕柔的微雨，在木麻黃的纖細針葉上綴掛了滿樹晶瑩的水珠。

情像微雨一樣，必須輕柔，才能在纖細的心靈點綴起滿樹的光。

四一一

當情緣已盡，綺夢乍醒，生命精華完全消耗殆盡。殘存的生活，像是緩緩飲下的苦酒，流入出血的胃，痛在破碎的心。

四一二

失戀過後，仰望夜空，又見星星安擺在舊日的位置上。天上的一切無恙，我們歷經的只是世上的生生滅滅。

四一三

情人離你而去，星星伴你復元。

四一四

以前只道人為情憔悴。
如今方知情令人死亡。

四一五

死亡的人不能再求殘喘。
他只能力謀復活重生。

四一六

眞情的死亡就是夢想的死亡。
夢想的死亡就是一個人的死亡。

四一七

失戀常常不是一個故事的終結，而是一個人生的死亡。

四一八

自己的墮落令眞情變質。
對方的墮落令眞情的對象死亡。

四一九

眞情沒有執着的對象——如果對方已經沉淪墮落的話。

四二〇

沉落在愛的遺憾的人，切望着有一個重新開始的來生。

四二一

愛情的遺憾是終生的遺憾。
此生無法彌補的遺憾，只求來生償還心願。

四二二

愛的幸福是終生的幸福。
愛的痛苦是終生的痛苦。

四二三

在愛情裡，一時的痛苦是終身的痛苦，一時的幸福是終身的幸福。

自己的　墮落令

真情、　麻煩。

對方的　墮落令

真情的　对象

死亡。

四二四

愛情濃時，並肩仰望夜空。一顆一顆是深情的眼睛。失戀時，獨自尋索午夜的天上。一粒一粒是晶瑩的淚珠。

四二五

溺情的痛苦像是懷孕的痛苦。它不是不能避免，但却無法揮之卽去。

四二六

愛是教自己不再思念，可是對方的影子却時時刻刻重重疊疊不停不斷偷偷溜進心湖的深處。

四二七

失戀不只是失去愛你的對象，更慘的是喚不回那顆愛他的心。

四二八

愛是猛然吞下一大口的無情，卻在肚子裏溶化作一陣陣的思念。

四二九

愛一個人是什麼苦全都吞下，什麼屈辱全都默默承受。

四三〇

愛是超凡神奇的力量。

國立中央圖書館出版品預行編目資料

人生小語．四／何秀煌著．--初版．--
臺北市：東大發行：三民總經銷，
民82
面；　公分
ISBN 957-19-1601-3（精裝）
ISBN 957-19-1602-1（平裝）

1.格言　2.修身

192.8　　82005866

©人生小語（四）

著　者　何秀煌
繪圖者　王志伯
發行人　劉仲文
著作財產權人　東大圖書股份有限公司
總經銷　三民書局股份有限公司
印刷所　東大圖書股份有限公司
地址／臺北市復興北路三八六號大廈
郵撥／〇一〇七一七五一〇號
初　版　中華民國八十二年八月
編　號　E 85154①
基本定價　叁元叁角叁分
行政院新聞局登記證局版臺業字第〇一九七號

ISBN 957-19-1601-3（第四冊：精裝）

人生小語（四）
編號 E85154①
東大圖書公司